6

AF586769

1926

RÉPUBLIQUE FRANÇAISE

LIBERTÉ — ÉGALITÉ — FRATERNITÉ

Au nom et sous les Auspices du G.·. O.·. de France

L.·. LES TRAVAILLEURS

O.·. de Levallois-Perret

(SEINE)

FONDÉE EN 1866

RAPPORT SUR LES TRAVAUX DE L'ANNÉE 1883

PRÉSENTÉ PAR LE

F.·. **CLERGEOT**, Secrétaire

LEVALLOIS-PERRET

IMPRIMERIE G. MOTTELET

54, RUE DE COURCELLES, 54.

1884

FM
IMPR
2288

315

LK7 Levallois-Perret
45
243

RÉPUBLIQUE FRANÇAISE

LIBERTÉ — ÉGALITÉ — FRATERNITÉ

Au nom et sous les Auspices du G.·. O.·. de France

L.·. LES TRAVAILLEURS

O.·. de Levallois-Perret

(SEINE)

FONDÉE EN 1866

RAPPORT SUR LES TRAVAUX DE L'ANNÉE 1883

PRÉSENTÉ PAR LE

F.·. CLERGEOT, Secrétaire

LEVALLOIS-PERRET

IMPRIMERIE G. MOTTELET

54, RUE DE COURCELLES, 54.

—

1884

Dm 30040

CENTRE D'HISTOIRE CONTEMPORAINE BIBLIOTHÈQUE

COMPTE RENDU ANNUEL DE L'ATEL∴

T∴ C∴ Vénérable, mes Frères,

Appelé pour la première fois à vous rendre compte de nos travaux et à vous faire connaître notre situation morale et financière, j'éprouve une crainte bien naturelle: celle de ne pas être à la hauteur de la tâche qui m'incombe.

Je n'ai pas, en effet, le style brillant de notre F∴ **Ellis**, et, bien certainement je ne saurai pas comme lui retracer et surtout faire ressortir ce que mes études philosophiques et sociales ont eu de remarquable.

Mais je ferai de mon mieux, et si je vous présente un compte rendu dans lequel la statistique aura la plus grande place, vous ne m'en tiendrez pas rigueur, car, par expérience, je sais que vous accordez toujours le bénéfice des circonstances atténuantes lorsque vous vous trouvez en présence d'une bonne volonté parfois mal secondée par l'inspiration.

Je réclame donc tout simplement votre indulgence et, pour cette fois, à défaut de fleurs de rhétorique, que j'aime beaucoup, mais que je ne cultive guère, étant avant tout ami du positif et de ses résultats, vous serez forcés de vous contenter d'une énumération de chiffres et de faits que je tâcherai de rendre aussi peu aride que possible.

Tout d'abord, je répéterai ce que notre F∴ **Ellis** a si bien dit l'année dernière, car c'est encore de l'actualité.

La L∴ *Les Travailleurs*, dont il constatait le complet relèvement grâce à l'excellente direction de notre T∴ C∴ F∴ **Trébois**, que nous avons appelé cette année pour la quatrième fois au Vénéralat, est sortie triomphante de la lutte qu'elle a eu trop longtemps à soutenir contre la mauvaise fortune.

Nous constatons, en effet, nous aussi, qu'une amélioration très sensible s'est introduite dans notre situation financière qui atteint actuellement un degré de prospérité qu'il nous était difficile d'espérer.

Si nous jetons un coup d'œil en arrière et, en nous basant uniquement sur les données fournies par les comptes rendus antérieurs, nous voyons qu'à la fin de l'année 1880, nous avions en caisse........................... 523 fr. 15

A la fin de l'année 1881, notre encaisse était de. 764 — 70

A la fin de l'année 1882, notre réserve s'élevait à. 1.391 — 40

Et enfin au 31 décembre 1883, il nous reste net en caisse.................................... 1.882 — 95

Un simple rapprochement entre ces quatre chiffres suffit pour nous prouver qu'une sage administration a présidé à la gestion de nos finances.

Ces chiffres ont par eux-mêmes une éloquence qui nous dispense de tous commentaires.

Je me bornerai donc à un résumé très succinct.

Notre Loge avait de nombreuses dettes qu'elle a acquittées.

Elle se trouve aujourd'hui en possession d'une réserve qui lui permet de faire face à toutes les éventualités.

Dans le courant de l'année 1883, nous avons eu :

14 initiations,
2 affiliations,
1 réintégration,
17 augmentations de salaires.

1 F.·. a donné sa démission, et nous avons eu le regret de rayer 2 membres pour défaut de paiement des cotisations.

Le bijou de la Loge a été accordé à six de nos Frères.

Je considère comme un devoir d'énumérer les considérations qui nous ont fait accorder ces distinctions.

La première proposition a été en faveur du F.·. **Ellis**, Secr.·. et ensuite Orat.·. de la L.·. *Les Travailleurs*, il a rempli ces différents offices pendant près de six années.

De plus, le F.·. **Ellis** a représenté notre Atelier aux convents de 1882 et de 1883.

Ces titres étaient plus que suffisants pour lui décerner une récompense qu'il avait su gagner par ses travaux maçonniques.

Le F.·. **Piérache**, actuellement notre premier Surveillant, a reçu aussi cette distinction, et je m'empresse d'ajouter que nous ne pouvions mieux faire que d'acquitter cette dette de reconnaissance.

En effet, le F.·. **Piérache**, presque nouveau parmi nous, a su donner à nos tenues un intérêt tout particulier.

Ses causeries sur la question sociale ont été très goûtées, et il a largement contribué à relever dans notre Loge le goût des études sérieuses qui, seules, peuvent maintenir la Maçonnerie dans la sphère élevée où elle a d'ailleurs depuis longtemps marqué sa place.

Les FF.·. **Vacca** et **Valentin** ont reçu aussi le bijou de notre Loge.

Tous deux appartiennent à notre S.·. L.·. *La Lumière* dont notre F.·. **Vacca** est le Vénérable.

Le F.·. **Valentin** est, en outre, membre libre de notre Atelier.

A cette énumération j'ajouterai les FF.·. **Develay** et **Blaise**. Le premier, garant d'amitié de la R.·. L.·. *L'Étoile polaire* auprès de notre Atelier, nous a maintes fois témoigné de l'intérêt qu'il portait à notre Loge.

Nous devons au deuxième, que nous pouvons considérer comme membre fondateur, notre affiliation avec la R.·. L.·. *Paix et Union* à l'Orient de Nantes.

Ces récompenses étaient toutes justifiées par de réels services rendus à la Maçonnerie, et c'est uniquement pour ne pas blesser la modestie de nos Frères que je ne m'étends pas davantage sur les mérites de chacun d'eux.

Notre Pupille.

L'enfant **Gruat** que nous avons adopté continue toujours ses études à l'Institution Sextius Michel.

Nous avons pu mettre à exécution cette année le projet tendant à lui former un capital de 1,200 francs à l'époque de sa majorité.

Moyennant une redevance annuelle de 93 fr. 12, que nous aurons à payer pendant dix-huit années à la Compagnie d'assurance la Foncière, nous procurons à notre pupille une ressource suffisante pour lui permettre de faire face aux premières nécessités de l'existence lorsqu'il atteindra l'âge où il devra se créer une situation.

Grâce aux démarches de notre F.·. **Piérache**, nous avons pu obtenir qu'en cas du décès de l'assuré, les sommes versées par nous feraient retour à la famille **Gruat.**

Livrets de la Caisse d'Épargne.

Conformément à l'excellente tradition que nous avons suivie depuis quelques années, une souscription a été ouverte entre les membres de la Loge pour distribuer à titre d'encouragement et de récompenses aux élèves les plus méritants des écoles communales des livrets de la Caisse d'Épargne.

Nous avons la satisfaction de constater que cette année, cette souscription a été beaucoup plus élevée que les années précédentes.

En effet, nous avons recueilli 350 francs qui ont été répartis entre nos écoles laïques, au prorata du nombre d'élèves et de certificats d'études obtenus par chacune de ces écoles.

Études Sociales et Philosophiques.

Le Frère Piérache, dont la parole est toujours très appréciée, a continué cette année ses causeries sur un sujet qui, aujourd'hui plus que jamais, demande à être étudié et résolu à bref délai (la question sociale).

Les études sur la question de la distribution des richesses capitalisées nous prouvent, une fois de plus, que notre sympathique premier surveillant tient à marquer sa place parmi ceux qui hâteront l'avènement des principes de droiture et de justice qui sont notre ligne de conduite.

Le F.·. Santini Emmanuel qui, l'année dernière nous a donné

connaissance d'un excellent travail sur les caisses des écoles, a entrepris de faire l'historique de la Franc-Maçonnerie.

Le premier chapitre de cet ouvrage nous a été communiqué dans l'une de nos tenues, et nous exprimons l'espoir que notre F.·. Santini voudra bien nous faire connaître la suite de ses recherches, ainsi que les réflexions philosophiques qu'ont pu lui suggérer la fondation de notre Société et le but qu'elle cherche à atteindre.

Notre F.·. Figuierra nous a fait aussi, en dehors de ses impressions Maçonniques, une très intéressante causerie sur le (travail).

Le F.·. Pluchot nous a également communiqué ses impressions Maçonniques.

Je terminerai cette énumération en signalant la première partie du travail du F.·. Ellis, relatif à l'historique de notre Loge.

Néanmoins, j'exprimerai en passant le regret de voir bon nombre de nos frères s'abstenir de tous travaux lorsque nous avons la conviction qu'ils pourraient, eux aussi, en nous faisant part de leurs idées, contribuer dans une certaine mesure à la solution de diverses questions sociales qui sont aujourd'hui plus que jamais à l'ordre du jour.

Revision de la Constitution.

Conformément à une demande qui nous avait été adressée par le Comité de revision de la Constitution, notre L.·. a désigné trois délégués et un délégué suppléant pour la représenter aux séances de la Commission.

Les délégués étaient les frères Piérache, Château et Ellis.

Le frère Prudhon a été nommé délégué suppléant.

Le frère Piérache a suivi assidûment les travaux de la Commission, et il nous en a fait un exposé très complet.

Notre atel.·. s'est associé en principe, aux décisions qui ont été prises par la Commission de révision, et qui feront l'objet d'études suivies de la part de toutes les Loges.

Certes, notre constitution et nos statuts généraux, présentent des lacunes qu'il est indispensable de combler.

Ils contiennent en outre, des dispositions qui ne sont plus

en rapport avec l'esprit moderne et avec le progrès, bien que nous soyons mieux partagés à ce point de vue que les autres rites Maçonniques.

L'œuvre entreprise est donc excellente, et nous ne pouvons que désirer de la voir aboutir à un résultat conforme aux principes de liberté que nous nous efforçons de mettre en pratique.

Convent de 1883.

Le frère Ellis, notre délégué suppléant au convent de 1883, nous a rendu compte des travaux de l'Assemblée, qui s'est préoccupée notamment de la question, d'établir des relations amicales avec les divers pouvoirs Maç.·. et de celle concernant les modifications à apporter à la constitution.

Ces questions sont soumises à l'étude des Loges, et il n'est pas douteux qu'elles ne soient tranchées définitivement par le convent de 1884.

Banquet du Vendredi Saint.

Comme l'année précédente, notre atelier s'est réuni au groupe de la libre-pensée pour organiser, à l'occasion du vendredi saint, un banquet de protestation contre les préjugés qu'entretient soigneusement le clergé.

En somme, nos travaux philosophiques que je résume très succinctement ont été assez suivis.

C'est avec satisfaction que nous avons constaté la présence à ce banquet, d'un grand nombre de personnes.

La superstition perd constamment du terrain, grâce à l'active propagande que nous ne cessons de faire en faveur de nos idées.

Le temps est proche, espérons-le du moins, où nous serons complètement débarrassés des dogmes qui entravent le mouvement intellectuel de notre siècle.

Aujourd'hui, comme il y a quelques années, le cléricalisme est l'ennemi qu'il faut combattre sans trêve ni relâche.

Nous ne faillirons pas à cette tâche et, si nous ne profitons pas de nos luttes, du moins nous aurons la consolation d'avoir préparé le terrain pour la nouvelle génération qui, nous en avons la certitude, achèvera l'œuvre d'émancipation que nous avons commencée.

Inauguration du monument commémoratif de La Défense de Paris.

Notre Loge a tenu à honneur de se faire représenter à l'inauguration du monument commémoratif de la défense de Paris, qui a eu lieu le 10 août dernier à Courbevoie.

C'était un devoir patriotique que nous avions à remplir et nous n'aurions eu garde d'y manquer.

Ce monument nous rappelle, il est vrai, de tristes jours et une époque néfaste entre toutes, mais le souvenir même de l'adversité a tout au moins le mérite de nous donner un enseignement dont nous saurons profiter.

Local.

Plusieurs de nos frères ont proposé de constituer une Société dans le but d'ériger par actions un temple dont notre Loge serait propriétaire.

Cette idée, qui n'a pas encore été étudiée complètement, est bonne en principe.

Nous sommes d'accord pour reconnaître qu'il serait préférable d'avoir un local qui serait notre propriété, et qui serait par conséquent entièrement à notre disposition.

Mais nous venons à peine de sortir d'une situation financière très embarrassée.

Nos ressources iront en s'accroissant c'est, vrai, mais il est difficile de répondre de l'avenir.

Ce n'est donc, à notre avis, qu'avec la plus grande prudence que nous devrons aborder l'examen de cette question dont la solution hâtive pourrait être de nature à compromettre le développement moral et régulier de notre atelier, qui n'a pas eu un moment d'arrêt pendant les quatre dernières années qui viennent de s'écouler.

Autant que mes moyens ont pu me le permettre, je viens de vous rendre compte, mes frères, de nos principaux travaux pendant l'exercice 1883.

Ainsi que je vous le disais en commençant, ce rapport serait plutôt une statistique qu'une appréciation personnelle, qui pourrait n'être pas partagée par vous tous.

Pardonnez-moi cette sèche analyse que je m'efforcerai, si l'occasion s'en présente de nouveau, de faire plus complète et surtout plus intéressante.

Le Rapporteur,

CLERGEOT.

TABLEAU DES MEMBRES POUR 1884

MEMBRES D'HONNEUR

Les FF.·. **Léonard Schneitz** père, vén.·. d'honneur *ad vitam*, 8, rue Félix, à Levallois-Perret.

— **Gustave Dalsace**, vén.·. fond.·. de la R.·. L.·. Alsace-Lorraine, membre du Conseil d'Ordre, 35, rue du Mail, Paris.

— **De Hérédia**, vén.·. de la R.·. L.·. l'Etoile-Polaire, membre du Conseil de l'Ordre, 177, rue de Courcelles, Paris.

— **Prosper Leclerc**, memb.·. fond.·. de la R.·. L.·. les Travailleurs, 139, route d'Asnières.

— **Lafitte**, memb.·. fond.·. de la R.·. L.·. les Travailleurs, 133, rue Gravel.

— **Augustin Hardouin**, memb.·. fond.·. de la R.·. L.·. les Travailleurs, 85, rue de Courcelles.

— **Florent Winom**, memb.·. fond.·. de la R.·. L.·. les Travailleurs, 7, bis, place Cormeille.

OFFICIERS

Les FF.·.

Trébois, Vén.·.
Piérache, 1er Surv.·.
Bonnet, 2e Surv.·.
Ellis Théodore, Orat.·.
Clergeot, Secrét.·.
Ticier, grand exp.·.
Renaudin, Trés.·.
Grand, Hospit.·.
Duperrier, Porte-étendard.
Schneitz Léon, M.·. de Cér.·.
Prudhon, 2e M.·. de Cér.·.
Dain, Garde des Sc.·. et Tim.·.
Picton, arch.·.
Hervy, 1er Exp.·.
Juvin, 2e Exp.·.
Ratinaud, M.·. des Banq.·.
Rousseau, Couvreur.·.
Santini (Em.), Or.·. Adj.·.
Weil, Secrét.·. Adj.·.
Lex, Juge à la C.·. d'App.·.
Ratinaud, Suppléant.
Figuiéra, Bibliothécaire.
Winom, D.·. à l'Orph.·. Gén.·. Maç.·.

MEMBRES ACTIFS

Allaire, ingénieur civil, 64, rue Gide, Levallois-Perret.

Argence, inspecteur de la voirie, 123, rue du Bois, Levallois-Perret.

Becker, directeur de théâtre, 88, rue de Courcelles, Levallois-Perret.

Bénédict, quincaillier, 44, rue Vallier, Levallois-Perret.

Bonnet, restaurateur, 7, rue Vallier, Levallois-Perret.

Bouinais, journaliste, 80, rue Gravel, Levallois-Perret.

Bourgeois, propriétaire, à Soignolles, Seine-et-Marne.

Borde, agent d'affaires, avenue de Bordeaux, Agen, Lot.

Bastien, mercier, 87, route d'Asnières, Levallois-Perret.

Bellanger, directeur de théâtre, 94 bis, rue de Courcelles, Levallois-Perret.

Champandal, marchand de fromage, 7, rue Morisot, Levallois-Perret.

Camino, entrepreneur de peinture, 23, rue Chevallier, Levallois-Perret.

Cambier, représentant de commerce, 6, place du Marché, Levallois-Perret.

Campistron, conducteur des ponts et chaussées, 14, rue Fromont, Levallois-Perret.

Chateau, employé, 60, rue de Villiers, Levallois-Perret.

Clergeot, commis à la mairie, 88, rue du Bois, Levallois-Perret.

Courtin, professeur, 61, rue de Cormeille, Levallois-Perret.

Dain, charron, 66, route d'Asnières, Levallois-Perret.

Defais, marchand de chaussures, 45, avenue des Ternes, Paris.

Desbordes, rentier, bois d'Avron, commune de Neuilly plaisance (Seine-et-Marne).

Duperrier, appariteur communal, 150, rue du Bois, Levallois-Perret.

Dubreuil, maçon, 14, rue Geoffroy-Lasnier, Paris.

Dagincourt, employé, 181, rue de Flandre, à Paris.

Ellis Théodore, journaliste, 68, rue Martinval, Levallois-Perret.

Escande, représentant de commerce, 27, rue Lannois, Levallois-Perret.

Fournier, propriétaire, route de Verrière, à Mayet (Sarthe).
François, treillageur, 96, avenue des Ternes, Paris.
Figuiéra, chef d'institution, 16, rue de Courcelles, Paris.
Gauthier, cordonnier, 20, rue de Courcelles, Levallois-Perret.
Goumy, conducteur de travaux, 127, rue Saussure, Paris.
Gouts, fondeur en caractères, 31, rue Marjolin, Levallois-Perret.
Grobaz, restaurateur, 47, rue des Frères-Herbert, Levallois-Perret.
Galichet, rentier, route de Châtillon, à Bagneux (Seine).
Grand, taillandier, 76, route d'Asnières, Levallois-Perret.
Gelos, charpentier, 46, rue Dombasle, Paris.
Gisclard, boulanger, 3, place de l'Eglise, à Bagneux (Seine).
Giguet, fontainier, 72, rue Chevallier, Levallois-Perret.
Gauthey, cordonnier, 131, rue du Bois, Levallois-Perret.
Gérard, directeur de manège, 120, rue Lannois, Levallois-Perret.
Girard (père), parfumeur, 7, rue Chevallier, Levallois-Perret.
Girard (fils), parfumeur, 7, rue Chevallier, Levallois-Perret.
Guilmin, doreur encadreur, 19, rue de Courcelles, Levallois-Perret.
Gadin, négociant, 59, rue Meslay, Paris.
Hardouin (Augustin), propriétaire, 85, rue de Courcelles, Levallois-Perret.
Hervy, caoutchoutier, 6, rue Bellanger, Levallois-Perret.
Hœspil, mécanicien, 36, rue Vallier, Levallois-Perret.
Hervié, marchand de vins, 20, rue de Courcelles, Levallois-Perret.
Huard, fabricant de boutons, 53, rue Notre-Dame de Nazareth, Paris.
Hébert, employé, 10, rue de la Fontaine, à Châtillon-sous-Bayeux (Seine).
Joigneaux, marbrier, 135, route d'Asnières, Levallois-Perret.
Juvin, commissionnaire en marchandises, 37, rue Poccard, Levallois-Perret.
Lafitte, sous-chef des bureaux à la mairie, 133, rue Gravel, Levallois-Perret.
Lachaussée, restaurateur, 94 bis, rue de Courcelles, Levallois-Perret.
Leclerc (Prosper), conservateur du cimetière, 137, route d'Asnières, Levallois-Perret.

Legros (Louis), chaudronnier, 26, rue Deguingand, Levallois-Perret.

Legros (Eugène), rentier, 15, avenue Niel, Paris.

Lemonnier, serrurier, 40, rue Championnet, Paris.

Letanneur, employé au chemin de fer de l'Ouest, 68, rue de Paris, à Clichy (Seine).

Lex, propriétaire, 71, rue Fazillau, Levallois-Perret.

Lebreton, charpentier, 36, rue de la Félicité, Paris.

Lépinard, entrepreneur de peinture, 3, rue de Paris, à Bagneux (Seine).

Lesage, comptable, 8, rue des Frères-Herbert, Levallois-Perret.

Le Marchand, employé, 48, rue Cavé, Levallois-Perret.

Lacroix, pâtissier, 10, rue Vandrezanne, Paris.

Lichy, artiste peintre, 50, rue Chaptal, Levallois-Perret.

Mallet, tôlier, 21, rue Fazillau, Levallois-Perret.

Massin, représentant de commerce, 9, rue Chaptal, Levallois-Perret.

Meller, employé, 6, place de l'Arsenal, Paris.

Mondy, employé, 219, rue Championnet, Paris.

Morlat, entrepreneur, 10, rue Chauveau, Neuilly.

Mourgues, marchand forain, 50, avenue Gambetta, Courbevoie.

Moreaud, comptable, 27, rue Vallier, Levallois-Perret.

Moïse (Charles), propriétaire, 146, rue du Bois, Levallois-Perret.

Mainvial, négociant, 74, rue du Bois, Levallois-Perret.

Nicolaï, chef d'institution, 67, rue du Bois, Levallois-Perret.

Pajot, employé au chemin de fer de l'Ouest, 43, route de la Révolte, Clichy.

Prudhon, commissionnaire en marchandise, 11, rue Delaunay, Levallois-Perret.

Piérache, rentier, 28, boulevard Bineau, Levallois-Perret.

Prevost, entrepreneur de fumisterie, 14, avenue de Saint-Germain, Courbevoie.

Pechard, employé, 16, quai de Gesvres, Paris.

Picton, employé, 147, rue du Bois, Levallois-Perret.

Prost, charpentier, 41, rue Compans, Paris.

Pluchot, commissionnaire en marchandises, 139, rue Legendre, Paris.

Ratinaud, négociant, 27, rue Fromont, Levallois-Perret.

Renaudin, propriétaire, 64, rue de Courcelles, Levallois-Perret.

Rousseau, charron, 61, route d'Asnières, Levallois-Perret.

Roumeguère, employé au ministère des finances, 29, rue de Chartres, Neuilly.

Rimet, employé au chemin de fer d'Orléans, 120, rue du Bois, Levallois-Perret.

Santini (Emmanuel), commissaire de police, 58, rue de Clignancourt, Paris.

Santini (Prosper), inspecteur de la cavalerie des omnibus, 89, avenue des Ternes, Paris.

Sébillon, chef des bureaux de la mairie, Charenton (Seine).

Schneitz (Léon), employé, 57, rue Vallier, Levallois-Perret.

Tassy, marchand forain, Malakoff (Seine).

Tessier, employé, 57, rue Vallier, Levallois-Perret.

Ticier, employé de commerce, 35, rue Lannois, Levallois-Perret.

Trébois, propriétaire, 62, rue des Frères-Herbert, Levallois-Perret.

Turillon, maraîcher, rue du Chemin-Royal (aux Bruyères), à Colombes, par Courbevoie (Seine).

Vaulé, mécanicien, 10, rue Berzélius, Paris.

Weil (Arthur), conducteur des ponts et chaussées, 31, rue Lannois, Levallois-Perret.

Winom, entrepreneur de parquets, 7 bis, place Cormeille, Levallois-Perret.

MEMBRES LIBRES

Blaise, rentier, 2, rue du Moulin-des-Poules, à Nantes (Seine-Inférieure).

Goumand, propriétaire, 20, rue Lehot, Asnières.

Leclerc (Amand), charron, 18, rue de l'Ourcq, Paris.

Legrand, rentier, à Nemours (Seine-et-Marne).

Nollant, carrossier, 14, route de Saint-Denis, à Saint-Denis.

Perrin, employé, 4, rue de la Boëtie, Paris.

Uger, estompeur, 4, rue des Enfants-Rouges, Paris.

Valentin, rentier, 36, boulevard Bineau, Neuilly.

GARANTS D'AMITIÉ DE LA LOGE

Loge	Garants
Alsace-Lorraine	Winom. Santini (Prosper). Pluchot. Weil. Lex. Bonnet.
Devoir	Winom. Camino.
Étoile Polaire	Pluchot. Nicolaï. Figuéra. Weil. Santini (Prosper). Tassy.
Fraternité des Peuples	Piérache. François. Camino.
La Lumière	Bonnet. Camino. Winom. Marcand.
Les Rénovateurs	Leclerc. Grand. Giguet. Rousseau. Hervy. Letanneur. Pajot.
Bienfaisance et Progrès	Camino. Hervy.
Réveil Maçonnique	Winom. Camino.

La Concorde	Santini (Emmanuel). Santini (Prosper). Hervy. Rousseau. Pluchot.
Paix et Union	Girard (père). Hardouin.
L'Humanité	Piérache. Prudhon.

MEMBRES EN CONGÉ

Desbordes, Gauthey, Girard (fils), Massin, Sebillon.
Fr∴ de Conf∴ **Argence,** 123, rue du Bois.

COLONNE FUNÈBRE

FF.·.

Bellenger	1835	—	1875
Bertaux	1814	—	1880
Bruggmann	1812	—	1873
Carl	1830	—	1875
Cazeneuve	1802	—	1869
Cirier	1804	—	1868
Collange	1802	—	1880
Collet	1818	—	1875
Ellis (Thomas)	1825	—	1877
Gelhaye	1833	—	1878
Guimbard	1848	—	1881
Gruat	1846	—	1878
Jollivet	1839	—	1871
Lecu	1808	—	1879
Legay	1805	—	1877
Lhabitant	1802	—	1871
Nourry	1845	—	1882
Pinchault	1848	—	1881
Poiret	1806	—	1871
Schaeffer	1830	—	1884
Simon	1834	—	1876
Triaud	1839	—	1879
Vallier père	1812	—	1878
Wanschooten fils	1845	—	1872
Werkmann	1826	—	1880

17251 Levallois-Perret. — Imprimerie G. MOTTELET, rue de Courcelles, 54.

www.ingramcontent.com/pod-product-compliance
Lightning Source LLC
LaVergne TN
LVHW052038160826
845678LV00003B/1413